Byw efo'r Cof

*Llyfr lluniau i ddathlu 75 mlwyddiant
Urdd Gobaith Cymru*

GAIR O DDIOLCH

Carwn ddiolch o galon i bawb a fu mor hael â chyfrannu lluniau ar gyfer y llyfr arbennig hwn. Derbyniais gannoedd os nad miloedd o luniau ac wrth reswm roedd hi'n amhosib defnyddio'r cyfan, felly gobeithio na fydd neb yn rhy siomedig fod eu cyfraniad hwy heb ymddangos.
Bu'n bleser gweithio ar y llyfr hwn, roedd yn ddiddorol gweld yr holl hen luniau a thrwy'r rhain sylweddoli'r effaith a gafodd y mudiad ar Gymru yn nyddiau cynnar ei fodolaeth. Mae datblygiad y mudiad wedi bod un aruthrol a rwy'n ffyddiog bydd y mudiad yn dal i ddatblygu yn ystod y 75 mlynedd nesaf!
Diolch yn fawr iawn

Rhiain Vaughan Jones
Canolfan Adnoddau'r Urdd

Yn y Dechreuad ...

Yn 1997 dathlodd Urdd Gobaith Cymru 75 mlynedd o fodolaeth ers ei sefydlu gan Syr Ifan ab Owen Edwards yn 1922.

Erbyn heddiw, does neb yn rhyfeddu llawer at fodolaeth mudiad ieuenctid sy'n gweithredu trwy gyfrwng y Gymraeg yng Nghymru, ond rhaid edrych ar sefyllfa Cymru ar ddechrau'r ganrif i werthfawrogi pwysigrwydd sefydlu'r Urdd mewn cyfnod lle'r oedd bodolaeth yr iaith Gymraeg dan fygythiad.

Nid creu mudiad adloniant i bobl ifanc oedd bwriad y sylfaenydd yn wreiddiol, ond creu mudiad i amddiffyn y Gymraeg mewn byd lle'r oedd yr iaith Saesneg yn dominyddu pob agwedd o fywyd plant y tu allan i'r cartref a'r capel.

Dau unigolyn blaenllaw a sylweddolodd yr argyfwng a wynebai Cymru ar ddechrau'r ganrif hon oedd O.M. Edwards a'i fab Syr Ifan ab Owen Edwards. Prin y gellir deall hanes Cymru na bodolaeth yr Urdd o 1922 ymlaen heb ddeall syniadau a delfrydau O.M. Edwards yn gyntaf.

O.M. Edwards
(1858 - 1920)

Gwelodd O.M. Edwards werth a chyfoeth diwylliant Cymraeg yn ei ardal enedigol yn Llanuwchllyn, ond roedd yn gwerthfawrogi diwylliant Seisnig ac Ewropeaidd hefyd oherwydd ei addysg yn y prifysgolion y bu'n astudio ynddynt ac oherwydd iddo deithio'n helaeth.

Gwelai werth mawr mewn addysg a'r angen i seilio addysg Cymru ar Gymru ei hun. Credai y dylid cael "prifysgol y gweithwyr, ei dosbarthu ar hyd a lled y wlad, a'i diwylliant wedi ei seilio ar fywyd y wlad, a'i therfynau'n ddigon eang i gymryd yr ysgol Sul, yr Eisteddfod, a'r cyfarfod llenyddol o fewn ei chorlan".

Fe apwyntiwyd O.M. Edwards yn brif arolygydd addysg cyntaf Cymru yn 1906 gan ei roi mewn sefyllfa i weithredu ar ei ddelfrydau. Fe ysgrifennodd yn helaeth i'r ifanc trwy gyfrwng y cylchgrawn misol **Cymru'r Plant** a sefydlodd yn 1892, gan annog ymwybyddiaeth o Gymreictod trwy drwytho'r plant yn niwylliant a thraddodiadau eu gwlad. Yn 1896 fe geisiodd ddechrau mudiad cenedlaethol i ieuenctid Cymru o'r enw **Urdd Y Delyn,** ond er iddo ennill dros fil o aelodau, mudiad cylchrawn ydoedd yn bennaf. Yn 1911 sefydlodd **Byddin Cymru**, ond ni fu hwn yn llwyddiant mawr gan nad oedd trefniant digonol yn cael ei ddarparu, ac fe ddaeth i ben yn 1918.

Bu marwolaeth O. M. Edwards yn 1920 yn ergyd ac yn siom i lawer o bobl Cymru, ond bu ei fywyd a'i syniadau yn ysbrydoliaeth i'w fab i ddatblygu mudiad newydd.

Syr Ifan ab Owen Edwards
(1895 - 1970)

Etifeddodd Syr Ifan ab Owen Edwards genedlaetholdeb a brwdfrydedd ei dad dros yr iaith Gymraeg, ac fe gymrodd yr awennau i olygu'r cylchgrawn **Cymru'r Plant** oddi ar ei dad. Fe welai'r angen cynyddol yn y cyfnod hwnnw i ddechrau mudiad cenedlaethol i ieuenctid Cymru, felly yn rhifyn Ionawr 1922 o'r cylchgrawn **Cymru'r Plant**, fe apeliodd ar blant Cymru i ymuno â mudiad newydd sef **'Urdd Gobaith Cymru Fach'**.

Sefydlu Urdd Gobaith Cymru Fach

Bu apêl Syr Ifan yn **Cymru'r Plant** yn 1922 yn ddechrau cyfnod newydd yn hanes iaith a diwylliant Cymru - "Fe sefydlwn Urdd newydd, a cheisiwn gael pob Cymro a Chymraes o dan ddeunaw i ymuno â hi".

Erbyn diwedd y flwyddyn gyntaf roedd 720 o enwau aelodau wedi ymddangos yn y cylchgrawn a channoedd mwy yn aros eu tro. Mae'n amlwg i symlrwydd y rheolau a'r ymrwymiad i'r iaith Gymraeg apelio at blant Cymru. Dosbarthwyd bathodynnau i'r aelodau, gyda'r lliwiau a'r amcanion yn datblygu i'r adduned driphlyg:

"Byddaf ffyddlon i Gymru a theilwng ohoni,
Byddaf ffyddlon i'm cyd-ddyn, pwy bynnag y bo;
Byddaf ffyddlon i Grist, a'i gariad ef",

Yn y cyfnod cynnar, mudiad plant oedd yr Urdd, yn gweithio trwy'r ysgolion a **Cymru'r Plant**. O dipyn i beth fe ddatblygodd trefniadaeth ar lefel leol gan ddosbarthu'r aelodau mewn rhengoedd i geisio ehangu'r aelodaeth. Atseiniwyd awyrgylch milwrol y Rhyfel Mawr yn hierarchaeth cynnar yr Urdd, sef Is-Gapten, Uwch-Gapten, Rhingyll a'r Cadfridog (roedd yn rhaid ennill 50 o aelodau newyddi ddod yn Gadfridog). Fe sefydlwyd adran gyntaf y mudiad o fewn y flwyddyn gyntaf yn y Treuddyn, Y Fflint ac yn 1923 sefydlwyd adrannau newydd yn Abergynolwyn, Penrhyndeudraeth a Llanarth.

Yn 1923 bygythwyd boddi Glyn Ceiriog gan gwmni o Warrington ac fe drefnodd Syr Ifan wrthdystiad ar unwaith. Casglwyd enwau 7,000 o blant yn gwrthwynebu'r datblygiad, ac oherwydd gwrthwynebiad o sawl cyfeiriad ni foddwyd Glyn Ceiriog. Ond ar ôl y cyfnod hwn, a phan sefydlwyd Plaid Cymru yn 1925, fe gadwodd yr Urdd allan o ddadleuon gwleidyddol gan ganolbwyntio ar hyrwyddo agweddau ysbrydol, diwylliannol a chrefyddol yr aelodau.

Erbyn diwedd 1923 roedd 3,000 o blant yn aelodau o'r Urdd, ac erbyn 1927 roedd dros 5,000 o aelodau ac 80 o adrannau.

Sefydlwyd yr adran gyntaf yn y de yn Abercynon yn 1924, ac o fewn rhai blynyddoedd datblygodd cylch o adrannau yn yr ardal.

Erbyn diwedd y dauddegau roedd yr Urdd wedi tyfu o fod yn fudiad cylchgrawn i fod yn fudiad gweithredol ac arloesol. Gollyngwyd y gair 'bach' o enw'r mudiad hyderus hwn bellach i fod yn **Urdd Gobaith Cymru** fel yr adwaenir ef heddiw.

Erbyn 1930 roedd 20 cylch o adrannau wedi tyfu, gydag amryw o rai eraill ar y gweill. Ymhen amser lluniwyd baneri unigryw i bob cylch, ac ym mhob cynulliad a gorymdaith fe welwyd y cylchoedd yn eu trefn gyda'r adrannau yn dilyn yn drefnus o dan eu baneri.

O dipyn i beth daeth teithiau, hyfforddiant crefftau a chwaraeon yn rhan o weithgareddau'r adrannau yn hytrach na'r cyfarfodydd canu ac adrodd traddodiadol. Roedd y datblygiad yma'n sicr o apelio at ieuenctid hŷn a fyddai'n arwain at dwf Aelwydydd maes o law.

Urdd Gobaith Cymru - y mudiad cenedlaethol

Yn 1930 dadlennodd y sylfaenydd ei freuddwyd o weld sefydlu cyfundrefn gyflawn o dair gris; trefniant adran, cylch a chenedlaethol. Roedd trefniant o'r fath yn galluogi rhagor o aelodau i gystadlu ac yn codi safon y gweithgareddau cenedlaethol. Symudwyd y swyddfa o Lanuwchllyn i Aberystwyth er mwyn bod mewn safle canolog.

Yn senedd gyntaf y mudiad yn 1931 (gyda 250 yn bresennol) penderfynwyd ffurfio Cwmni **Urdd Gobaith Cymru** i sicrhau statws i'r mudiad a breintiau a fyddai'n ei gryfhau a'i amddiffyn ar gyfer y dyfodol. Ym mis Mawrth 1932 fe ffurfiwyd **Cwmni'r Urdd** a galluogodd hyn i'r mudiad ymgeisio am grantiau gan y llywodraeth a nifer o gronfeydd ac ymddiriedolaethau eraill.

Fe dyfodd nifer y staff yn y cyfnod yma ac yn 1934 fe apwyntiwyd R.E. Griffiths yn brif drefnydd ac erbyn 1935 roedd 7 o bobl yn gweithio'n llawn amser i'r Urdd.

Fe ddatblygodd Aelwydydd yr Urdd yn niwedd y tridegau. Derbyniwyd grantiau i gynnal staff yn y rhanbarthau ac yn genedlaethol a chanlyniad uniongyrchol y grantiau hyn oedd creu gris arall pwysig yng ngweinyddiaeth yr Urdd, sef pwyllgorau sirol i gydlynnu gwaith y rhanbarthau a chydweithio ag addysg sirol. Rhoddwyd pwyslais ar ddatblygu Aelwydydd yn hytrach na'r Adrannau ar ddechrau'r pedwardegau ac erbyn diwedd 1941 roedd 98 o Aelwydydd yn cael eu cynnal trwy Gymru.

Erbyn 1946 roedd fframwaith cenedlaethol cryf iawn i'r Urdd gyda 817 o ganghennau a rhwydwaith o bwyllgorau cylch, sir a chenedlaethol.

Erbyn heddiw mae dros 1,200 o ganghennau a thros 47,000 o aelodau gan yr Urdd gyda 14 o Swyddogion Datblygu yn cynorthwyo yn y rhanbarthau.

Mentrau'r Urdd

Ar ôl i drefniadaeth yr Urdd sefydlogi, fe sianelodd Syr Ifan ei egni i gyfeiriadau eraill.

Un o'r syniadau arloesol a ddatblygodd oedd cynnal Sinema Gymreig i hyrwyddo'r mudiad a Chymreictod i gynulleidfa ehangach yn ystod y tridegau. Ar gost o £2,000 llwyddwyd i gynhyrchu y ffilm sain Gymraeg gyntaf o'r enw **Y Chwarelwr** ac fe'i dangoswyd i ieuenctid trwy Gymru.

Rhwng 1936 ac 1965 bu'r Urdd yn annog darllen a phrynu llyfrau Cymraeg drwy'r Ymgyrch Lyfrau. Lansiwyd yr ymgyrch ar Ddydd Gŵyl Dewi 1937 ac fe aeth yr aelodau ati'n frwdfrydig i werthu llyfrau mewn siopau, o ddrws i ddrws, ac mewn Eisteddfodau. Llwyddwyd i werthu dros fil o lyfrau yn y flwyddyn gyntaf, gan roi dechrau da i'r ymgyrch.

Gwerthwyd 3,535 o lyfrau gan 30 o Adrannau yn ystod yr ail flwyddyn. Rhaid cofio nad oedd grantiau na chefnogaeth i'w cael i lyfrau Cymraeg gan awdurdodau lleol a sefydliadau Cymreig bryd hynny. Mewn cyfnod pan oedd y farchnad lyfrau'n wan bu gwaith gwirfoddol yr Urdd yn hybu gwerthiant yn gyfraniad pwysig.

Yn 1942 gwerthwyd 17,378 o lyfrau, ond fe ddyblwyd hyn yn y flwyddyn ganlynol i 39,625 o lyfrau!

Cymaint fu'r datblygiad fel y trefnwyd 'Cynhadledd Ymgyrch Lyfrau'r Urdd' yn 1943 i drafod creu fframwaith ar gyfer y dyfodol ynghyd â'r posibilrwydd o ddatblygu canolfan genedlaethol i ddosbarthu llyfrau Cymraeg.

Roedd yr Ymgyrch Lyfrau wedi tyfu'n fusnes mawr gyda gwerthiant 1944 yn 54,043 ac fe ddenwyd sylw'r wasg i'r ymgyrch. Penderfynwyd sefydlu Undeb Cyhoeddwyr a Llyfrwerthwyr Cymraeg i reoli'r Ymgyrch Lyfrau'n effeithiol yn ystod cynhadledd Ymgyrch Lyfrau 1944.

Canlyniad hyn oll oedd sefydlu **Cyngor Llyfrau Cymraeg** yn 1962 a oedd i gyllido a noddi'r fasnach lyfrau o hynny ymlaen. Yn 1965, peidiodd yr Urdd â threfnu'r ymgyrch gan ei throsglwyddo i'r Cyngor Llyfrau yn hyderus gan wybod nad oedd rhaid i'r mudiad boeni nac ymgyrchu dros ddyfodol y fasnach lyfrau mwyach.

Fel ei dad, gwelai Syr Ifan bwysigrwydd datblygu addysg drwy gyfrwng y Gymraeg. Yn ystod y rhyfel tyrrodd cannoedd o efaciwîs i ardaloedd gwledig Cymru gan foddi'r Gymraeg, felly yn 1939 penderfynodd Syr Ifan sefydlu Ysgol Gynradd Gymraeg breifat yn Aberystwyth. Dyna sut y sefydlwyd yr Ysgol Gymraeg gyntaf erioed i 7 o ddisgyblion dan ofal Norah Isaac. O ddechrau fel arbrawf fe dyfodd yr Ysgol Gymraeg i fod yn sefydliad effeithiol gyda rhieni'n barod i dalu am addysg dda (trwy gyfrwng y Gymraeg) wedi'i seilio ar fywyd a iaith Cymru. Erbyn 1945 tyfodd

Ysgol Lluest i 81 disgybl dan ofal 4 athrawes.

Dan berswâd yr Urdd llwyddwyd i gael Awdurdodau Addysg i dderbyn yr egwyddor o gael ysgolion Cymraeg eu cyfrwng ac yn 1947 agorwyd Ysgol Gymraeg yn Llanelli am y tro cyntaf o dan yr awdurdod addysg.

Er llwyddiant Ysgol Lluest, roedd yn gwneud colled ariannol cynyddol i'r Urdd a phenderfynwyd trosglwyddo'r ysgol i'r Awdurdod Addysg yn 1951 a dod â'r fenter i ben. Penderfynodd yr Awdurdod Addysg agor Ysgol Gymraeg i 160 o ddisgyblion yn 1952 o dan yr un prifathro ag Ysgol Lluest sef Hywel O. Roberts, gan ddechrau ar y broses o ddatblygu statws a pharch i'r iaith Gymraeg yng Nghymru.

Bu'r agwedd grefyddol yn rhan hanfodol o fywyd yr Urdd o'r dechrau ac fe agorwyd pob Aelwyd ac Adran efo gwasanaeth byr.

Cynhaliwyd **Gwasanaeth Sul yr Urdd** gyntaf yn Abertawe yn 1931 ac erbyn 1934 roedd wedi datblygu'n wasanaeth heddwch blynyddol mawr. Cynhaliwyd y ddau wasanaeth cyntaf yn Abertawe ac Aberystwyth, yna darlledwyd y Gwasanaeth Heddwch o wahanol drefi fel Treorci, Hen Golwyn a Maesteg yn niwedd y tridegau hyd nes rhoddwyd y gorau i'r gwasanaeth dros gyfnod y rhyfel.

Adferwyd Sul yr Urdd yn 1973 pan gynhaliwyd Wythnos Ddyngarol ym mis Tachwedd a chael Sul yr Urdd yn uchafbwynt iddo. Yn ogystal â chodi naws Gristnogol o fewn y mudiad, bwriadwyd codi'r ymwybyddiaeth o anffodusion y byd a chodi arian at achosion da. Cynhelir Sul yr Urdd yn flynyddol bellach, ac fe ddosberthir gwasanaeth a lunir yn arbennig i'r pwrpas bob blwyddyn i ganghennau'r Urdd ledled Cymru.

Eisteddfod yr Urdd

Roedd dod â phlant Cymru at ei gilydd a'u trwytho yn niwylliant a iaith y wlad yn un o fwriadau Syr Ifan o'r dechrau. Felly penderfynwyd cynnal eisteddfod ddeuddydd yng Nghorwen ddiwedd Mai 1929. Cynhaliwyd cystadlaethau drama ar y nos Wener, ac ar ôl seremoni drawiadol a'r adrannau yn gorymdeithio gyda'u baneri yng nghwmni tair 'brenhines' ar orseddau pwrpasol, fe gynhaliwyd Eisteddfod Genedlaethol yr Urdd am y tro cyntaf.

Mae'n amlwg nad effeithiodd penderfyniad Syr Ifan i beidio â rhoi gwobrau ariannol i'r buddugwyr ar frwdfrydedd yr aelodau gan i 3,000 ohonynt gystadlu yn Eisteddfod yr Urdd yng Nghaernarfon y flwyddyn ddilynol gan ddod â'r dref i stop am deuddydd!

Gan fod cynifer yn cystadlu penderfynwyd derbyn buddugwyr eisteddfodau cylch yr Urdd yn unig yn Eisteddfod 1932 ym Machynlleth. Dyma Eisteddfod a greodd argraff ddofn ar Lloyd George gan ei ysbrydoli i wefreiddio'r gynulleidfa gyda'i anerchiad ffraeth yn ei ddull dihafal ei hun.

Roedd Eisteddfod Caerfyrddin yn 1935 yn un a oedd i greu argraff genedlaethol a rhyngwladol wrth i filoedd dyrru yn orymdeithiol i'r pafiliwn a ddaliai 12,000 o bobl. Disgrifiwyd yr Urdd gan un o lywyddion yr ŵyl fel:

"Esiampl o drefn, disgyblaeth, cydweithrediad ac undeb."

Bu'r Ail Ryfel Byd yn ergyd i bob agwedd o'r mudiad, ac ni chynhaliwyd yr ŵyl rhwng 1941 a 1946 o'i herwydd. Yn y cyfnod hwn fe ganolbwyntiwyd ar yr eisteddfodau cylch gan ddatblygu eisteddfodau sirol hefyd i baratoi at gryfhau'r trefniadau eisteddfodol wedi'r rhyfel.

Fe ail-gychwynwyd cynnal Eisteddfod Genedlaethol yr Urdd ar ôl y rhyfel, yng Nghorwen, yn ôl yn ei man geni fel petai.

Yn ystod y pedwardegau gwelwyd fod yr Eisteddfod yn gyfrwng i ddod â ieuenctid Cymru o'r de a'r gogledd at ei gilydd gan roi cyfle i'r plant deithio'r wlad a chwrdd â phobl o gefndiroedd ac acenion gwahanol. Dyma pryd y dechreuodd blant letya gyda chymwynaswyr lleol am y tro cyntaf ac fe barheir â'r drefn hon hyd heddiw.

Newidiwyd pwyslais yr ŵyl erbyn y pumdegau gan ganolbwyntio ar ansawdd y cystadlu a'r diwylliant yn hytrach na'r gorymdeithio a'r dathlu. Cafwyd arddangosfa gelf a chrefft am y tro cyntaf yn Abertridwr (1955) a dechreuwyd cynnal cyngherddau a nosweithiau llawen erbyn diwedd y pumdegau hefyd.

Daeth dros 25,000 o dyrfa i Eisteddfod Dolgellau yn 1960 pan sefydlwyd Adran Wyddoniaeth ar faes yr ŵyl am y tro cyntaf. Bu ymgyrch i geisio dod â'r Cymru di-Gymraeg yn rhan o'r ŵyl yn Eisteddfod Aberdâr yn 1961 gan gyhoeddi argraffiad talfyredig o raglen y dydd yn Saesneg am y tro cyntaf a gosod hysbysfwrdd Saesneg yng nghefn y llwyfan i ddosbarthu gwybodaeth.

Bu Eisteddfod dathlu hanner can mlwyddiant sefydlu'r Urdd yn llwyddiant mawr pan ddychwelodd yr Eisteddfod i'r Bala a pherfformiwyd pasiant y plant 'Y Weledigaeth Fawr' i ddathlu gwaith y mudiad. Gyda llwyddiant yr Eisteddfod hon gwelwyd fod angen cynllunio flynyddoedd ymlaen llaw gan fod costau a safonau yn codi'n gyson.

Datblygodd nifer y cystadleuwyr yn ystod y saithdegau ac fe gynyddodd yr ŵyl o dridiau o hyd i bedwar niwrnod. Fe unwyd y cystadlaethau chwaraeon gyda'r ŵyl am dair blynedd yn y cyfnod yma cyn eu sefydlogi'n barhaol yn Aberystwyth o 1977 ymlaen.

Tyfodd maes yr Eisteddfod i fod yn fwy atyniadol yn y saithdegau hefyd, gyda 65,000 yn ymweld ag Eisteddfod Llanelli yn 1975, er enghraifft.

Ehangwyd hyd yr Eisteddfod i bum niwrnod yn 1983 eto gan gynnig pob math o adloniant amrywiol. Yn Eisteddfod yr Wyddgrug yn 1984 cafwyd pabell roc am y tro cyntaf (o'r enw Urddgrug!) a darparwyd cystadlaethau yn arbennig i'r anabl am y tro cyntaf hefyd.

Daeth gweithgareddau ymylol yr ŵyl yn fwy fwy pwysig erbyn diwedd yr wythdegau gyda ffair a stondinau masnachol yn fodd i ddenu cefnogaeth pobl o wahanol gefndiroedd diwylliannol a chymdeithasol.

Yn 1989 ehangwyd hyd yr Eisteddfod i chwe niwrnod fel ag y mae hi heddiw. Bellach mae rhaglen o gyngherddau yn cael eu cynnal yn nosweithiol yn y pafiliwn wedi i'r cystadlu eisteddfodol ddod i ben, ac mae'r aelodau lleol yn perfformio pasiant y plant, sioe gerdd ac opera roc mewn gwahanol ganolfannau gan esgor ar gwmnïau drama a cherddorol yn ardal yr eisteddfod am flynyddoedd i ddod.

Gwersylloedd yr Urdd

Ar ôl sefydlu'r Urdd roedd Syr Ifan â'i fryd ar ddod â phlant ar hyd a lled Cymru at ei gilydd mewn gwersyll "trwyadl Gymreig, yn cael ei lywodraethu gan Gymry yn unig".

Deunaw o bebyll a marcî fawr oedd y gwersyll cyntaf a gynhaliwyd am ddeng niwrnod, i fechgyn yn unig, yn Llanuwchllyn fis Awst 1928. Fe goginiwyd y bwyd mewn crochan mawr ar danllwyth o dân ac roedd yn rhaid cronni'r Afon Twrch er mwyn cael pwll i ymdrochi ynddo.

Bu'r profiad yn llwyddiant ysgubol a phenderfynwyd cynnig gwersyll i'r merched y flwyddyn ganlynol yn Llangollen, ac fe gynhaliwyd gwersylloedd yno yn ystod yr haf am y blynyddoedd nesaf.

Yn 1932 roedd Syr Ifan a'i fryd ar sefydlu gwersyll parhaol, ac wedi chwilio'n ddyfal daeth o hyd i Langrannog ar arfordir Ceredigion. Cafwyd 4 wythnos o wersyll i 150 o wersyllwyr yn ystod haf 1932.
Yn 1934 sefydlwyd gwersyll arall ym Mhorth Dinllaen i gydredeg â Llangrannog. Bechgyn yn unig gai fynd i Borth Dinllaen a merched yn unig i Langrannog.

Gwahoddwyd dysgwyr i loywi'u

hiaith yn y gwersylloedd hyn trwy gymysgu â'r Cymry Cymraeg.

Mynd o nerth i nerth fu hanes y ddau wersyll yn 1936 gan i 701 o fechgyn aros ym Mhorth Dinllaen a 765 o ferched aros yn Llangrannog.

Cynhaliwyd y gwersyll cymysg cyntaf i oedolion yn 1938 ac oherwydd ei lwyddiant gafaelodd y syniad o wersyll cymysg a gwersyll i oedolion.

Gan mai dim ond les blwyddyn oedd i Borth Dinllaen penderfynwyd rhoi'r gorau i'r gwersyll yno, (er mawr siom i'r aelodau) a chanolbwyntio ar ddatblygu Llangrannog.

Yn 1939 datblygwyd cyrsiau addysg i blant ysgol gan ddechrau ar yr arfer o uno addysg, astudiaethau awyr agored a hamdden. Yr haf hwnnw agorwyd capel newydd, a chyda grantiau amrywiol datblygwyd y gampfa hefyd.

Cynhaliwyd y gwersyll cyntaf yng Nglan-llyn yn 1950 gyda'r bwriad o ddenu aelodau hŷn yr Urdd i gymryd rhan mewn gweithgareddau awyr agored.
Yn 1955 codwyd caban ymgynnull yng Nglan-llyn i'w ddefnyddio ar gyfer cynnal nosweithiau llawen ac yn y blaen.

Dal i dyfu wnaeth Glan-llyn yn ystod diwedd y pumdegau pan gafwyd y cyfle i rentu tŷ preswyl arall gyferbyn a'i alw'n Glan-llyn Isaf.

Codwyd campfa yno yn ystod y chwedegau a disodlwyd yr hen lampau olew rhamantus gan drydan yn 1963. Yn ystod y cyfnod yma datblygwyd y syniad o ddefnyddio Glan-llyn yn y gaeaf hefyd ar gyfer cyrsiau hyfforddi addysg gorfforol ac awyr agored, yn enwedig canŵio a dringo. Bu cyrsiau natur ac adarydda yn nodwedd bwysig arall yn y cyfnod yma hefyd, a thrwy hyn i gyd penodwyd staff llawn amser i redeg y gwersyll.

Yn y saithdegau adeiladwyd glanfa a chwt hwylio newydd a datblygodd y gwersyll i ddenu mwy o wersyllwyr yn flynyddol.

Adeiladwyd yn sylweddol yng Nglan-llyn yn 1980 gan ychwanegu campfa, pwll nofio a bloc cysgu newydd i 60 o bobl. Yn ystod y flwyddyn hon cynhaliwyd 69 o gyrsiau i dros 6,000 o bobl ifanc yno.

Datblygwyd y gwersyll ymhellach yng nghanol yr wythdegau wrth i gaban bwyta newydd a neuadd chwaraeon aml-bwrpas gael eu codi.

Agorwyd canolfan Bowlio Deg Glan-llyn yn ystod haf 1992 ac mae'n parhau i fod yn atyniad mawr i'r cyhoedd a'r gwersyllwyr fel ei gilydd. Addaswyd y plas a chwblhawyd gwaith gwella ar yr ystafelloedd cysgu sydd erbyn hyn yn darparu cyfleusterau *en-suite* i bawb.

Gydag atyniadau fel hyn, ynghyd â hyfforddiant cymwys, o ddringo i hwylfyrddio, o gyrsiau daearyddiaeth i gyrsiau creu fideos, cydnebir Glan-llyn bellach fel un o ganolfannau preswyl blaenllaw Cymru i bobl ifanc.

Tra'r oedd Glan-llyn yn datblygu'n gyflym yn ystod y chwedegau, roedd Llangrannog yn dechrau pwdu braidd gyda'r cabannau pren yn dechrau dadfeilio oherwydd y tywydd garw. Ond fe sicrhawyd dyfodol Llangrannog trwy brynu fferm Cefn Cwrt yn 1968. Roedd hyn yn gyfle i ddatblygu syniadau uchelgeisiol a sôn am greu canolfan a fyddai'n agored trwy gydol y flwyddyn, gyda chaeau chwarae eang a phwll nofio yn syniadau mentrus iawn yn y cyfnod hwnnw.

Bu dechrau'r saithdegau yn gyfnod o ddatblygu dwys yn Llangrannog gyda'r gwersyll ar agor drwy'r flwyddyn gyda staff amser llawn am y tro cyntaf. Adeiladwyd caban bwyta a blociau cysgu newydd i letya 128 o blant yn y cyfnod hwn hefyd. Erbyn diwedd y saithdegau roedd sgubor fawr, pwll nofio, ysbyty, siop a champfa newydd wedi'u hadeiladu yno. Codwyd bloc cysgu 'Enlli' yn arbennig i arweinyddion ac athrawon yn ystod datblygiad y "Llangrannog newydd" hefyd ac roedd dyfodol y gwersyll yn dechrau edrych yn fwy gobeithiol.

Erbyn dechrau'r wythdegau adeiladwyd neuaddau, ystafelloedd dosbarth, sied feics enfawr a bloc cysgu ar gyfer 80 ychwanegol gyda chymorth grantiau amrywiol. Datblygwyd gweithgareddau newydd hefyd, sef cwrs beiciau modur, cwrs antur, sglefrolio, llwybr ceffylau, pwll nofio, a llethr sgïo i goroni'r cyfan ar ddiwedd yr wythdegau.

Roedd Llangrannog yn gallu cynnig y cyfleusterau hamdden yma at ddefnydd y gymuned leol yn ogystal â'r gwersyllwyr. Erbyn canol y nawdegau, codwyd bloc cysgu newydd 'Yr Hafod' gyda chyfleusterau ymolchi ym mhob ystafell gysgu yn ogystal â chaban bwyta newydd moethus sy'n gwneud Llangrannog yn un o brif ganolfannau preswyl Cymru.

Caewyd nifer o fân wersylloedd yr Urdd yn y pedwardegau er mwyn canolbwyntio ar Glan-llyn a Llangrannog, ond yn y saithdegau llwyddodd yr Urdd i brynu pŵerdy trydan yng Nghwm Croesor i ledaenu gwaith y gwersylloedd. Bu **Blaencwm** yn ganolfan fynydd ddelfrydol ar gyfer treulio penwythnos yn mynydda ar lethrau'r Cnicht ers 1974.

Derbyniwyd **Pentre Ifan** yn Sir Benfro yn rhodd oddi wrth wraig o Lundain yn 1978. Tŷ a sgubor Tuduraidd ynghyd â thir fferm oedd Pentre Ifan ac ar ôl blynyddoedd o chwilio am grantiau fe lwyddwyd i agor Canolfan Pentre Ifan yn 1992, fel Canolfan Astudiaethau'r Amgylchfyd yn bennaf, ond fe ddefnyddir y neuadd ar gyfer cynadleddau o bob math hefyd, ac yn 1995 fe benderfynodd pâr lleol briodi a chynnal eu neithior yno. Gall y ganolfan (sydd bellach o dan ofal Gwersyll Llangrannog) letya hyd at 20 o bobl.

Estyn Dwylo Dros y Môr

Er fod Syr Ifan ab Owen Edwards am greu mudiad cenedlaethol Cymreig wrth sefydlu'r Urdd, roedd am ddatblygu gwedd ryngwladol i'r mudiad er mwyn ehangu gorwelion Cymru. Wedi ei brofiad erchyll yn y Rhyfel Mawr roedd yn argyhoeddedig fod angen codi pontydd rhwng diwylliannau a chenhedloedd gwahanol. Ehangwyd arwyddair yr Urdd yn 1925 i ddweud:

"Er mwyn Cymru, a Chymru er mwyn y byd."

Bu'r **Neges Ewyllys Da** yn ysgogiad ac yn ysbrydoliaeth i weithgarwch rhyngwladol yr Urdd o'r dechrau. Dechreuwyd cyhoeddi'r neges gan Gwilym Davies, yna, yn 1925, fe ymunodd yr Urdd â'r fenter er mwyn dileu'r anwybodaeth a'r rhagfarnau oedd yn bodoli rhwng cenhedloedd y byd. Yn 1930 penderfynwyd gwneud mis Mai yn fis Ewyllys Da a rhoddwyd hwb i'r neges ac i'r syniad o gydberthynas plant y byd yn **Cymru'r Plant**. Erbyn 1934 roedd y B.B.C. yn cyhoeddi'r neges, ac yn 1939 daeth canghennau'r Urdd ledled Cymru ynghyd i gyhoeddi'r neges, a daeth thema wahanol i nodweddu'r neges yn flynyddol o hynny ymlaen.

Er y bu'n rhaid rhoi'r gorau i gyhoeddi'r neges dros gyfnod y rhyfel, cyhoeddwyd cyfres o erthyglau "Cymru a'r Byd" i dynnu sylw at broblemau gwledydd lleiafrifol Ewrop gan barhau â'r ymgyrch dros frawdgarwch.

Fe ail gydiwyd yn y Neges wedi i'r rhyfel ddod i ben, a bellach fe gyhoeddir 'Neges Ewyllys Da Ieuenctid Cymru at Ieuenctid y Byd' yn flynyddol ar gyfer Dydd Ewyllys Da a gynhelir ar Fai 18fed.

Wedi dwy daith lwyddiannus i grŵp o 15 o ieuenctid i Genefa ar ddechrau'r tridegau, penderfynodd Syr Ifan drefnu mordaith cwbl Gymreig i Scandinafia, y Ffiordau, a Norwy yn 1933. Am £15 y pen fe brofodd 500 o Aelodau hŷn fordaith i'w chofio ar yr "Orduna" ym mis Awst y flwyddyn honno, gan fwynhau rhialtwch y dawnsio, canu, nofio a chwaraeon a oedd yn rhan bwysig o'r teithio ar long foethus.

Yn 1939 penderfynwyd trefnu "Mordaith y Mordeithiau" ar y llong 'Kraliscia Maria' gan gwmni llongau o Iwgoslafia. Bu'n rhaid teithio ar draws cyfandir Ewrop i Fenis i ddechrau gan mai yno y cychwynai'r fordaith i 300 o Gymry ifanc. Wrth hwylio o Iwgoslafia, a oedd yn brydferth iawn bryd hynny cyn dinistr rhyfel y 90au, i Groeg, Albania a'r Eidal, roedd tensiwn ac ofn yn amlwg ar drothwy'r Ail Ryfel Byd. Sylweddolwyd nad oedd pethau'n dda wrth weld y strydoedd gwag ym Monte Carlo, felly daliwyd y trên i Baris a oedd yn ferw gwyllt o filwyr a phanig llwyr. Roedd rhyddhad ar wyneb y Cymry ifanc pan gyrhaeddasant yn ôl yn ddiogel ar y 27ain o Awst, rai dyddiau yn unig cyn cyhoeddi'r Ail Rhyfel Byd.

Hon oedd y fordaith olaf i'r Urdd ei threfnu, er mawr siom i'r aelodau ac yn hytrach fe ganolbwyntiwyd ar deithiau rhatach i grwpiau llai gan drefnu teithiau cyfnewid ag ieuenctid ledled Ewrop.

Yn 1948 cynhaliwyd y Gwersyll Cydwladol cyntaf yn Aberystwyth gan ddenu pobl ifanc o bob rhan o'r byd i gymdeithasu, dysgu a mwynhau cyfnod o wyliau yng Nghymru.

Oherwydd cysylltiadau blaenorol yr Urdd â'r Almaen, yr Urdd oedd un o'r mudiadau cyntaf i groesawu'r Almaenwyr wedi'r rhyfel. Parhaodd y gwersylloedd yma hyd 1960, gan groesawu grwpiau o bobl ifanc o wledydd a gynhwysai Sgandinafia, y gwledydd Celtaidd, y Baltig ac Affrica yn eu tro.

Chwaraeon a Mabolgampau

Credai Syr Ifan fod angen rhoi lle cyfartal i'r diwylliannol a'r corfforol er mwyn rhoi cyfle i'r aelodau ddatblygu'n ddinasyddion cyflawn, felly yn 1932 fe gynhaliwyd y mabolgampau cyntaf yn Llanelli.

Daeth dros bedair mil o blant ynghyd i'r ŵyl hon gyda'r plant ieuengaf wedi paratoi dawns a gymnasteg a'r rhai hŷn yn cymryd rhan mewn athletau.

Roedd gwisg unffurf, baneri a gorymdeithio yn elfen amlwg yn y mabolgampau hyn wrth i filoedd o aelodau'r Urdd orymdeithio'n drefnus drwy dref Llanelli.

Cynhaliwyd yr ŵyl yn flynyddol mewn gwahanol drefi, ond heb os, ym Mharc yr Arfau, Caerdydd, y cafwyd y mabolgampau mwyaf trawiadol.

Bu'n rhaid rhoi'r gorau i'r ŵyl dros y rhyfel, ond llwyddodd ambell sir i gynnal mabolgampau sirol yn ystod y cyfnod yma.

Yn 1951 fe gynhaliwyd yr Ŵyl ar ei newydd wedd yng Nghaerdydd, unwaith eto gyda llai o unffurfiaeth, gydag adrannau yn paratoi yn annibynol ar ei gilydd, gan roi fwy o ryddid ac amrywiaeth i'r aelodau ac i'r cystadlu.

Cynhaliwyd y mabolgampau hyn am y tro olaf yn 1954 yn Aberpennar gan fod nifer o gymdeithasau eraill yn cynnig gwasanaeth ym maes athletau erbyn hynny, a phenderfynodd yr Urdd ganolbwyntio ar agweddau eraill o chwaraeon.

Wedi i'r mabolgampau ddod i ben cynhaliodd yr Urdd Ŵyl Werin yng Nghymru yn 1958 gan ddenu dawnswyr o Gymru gyfan ac o wledydd mor bell â'r Wcrain. Fe gynhaliwyd saith o'r gwyliau hyn rhwng 1958 ac 1970.

Yn 1931 sefydlwyd "Cymdeithas Genedlaethol Pêl-droed Urdd Gobaith Cymru" gan griw o hogiau Caernarfon a chyhoeddwyd llyfryn yn nodi cyfansoddiad a rheolau'r gymdeithas yn fanwl (peth newydd yn y Gymraeg bryd hynny.)

Pwyswyd ar bob cylch i drefnu cynghrair gyda chwpan Llywydd y Gymdeithas (J.M.Howell) yn cael ei rhoi i'r cylch buddugol. Bu cystadlu brwd trwy gydol y tridegau yn enwedig yn ardaloedd y gogledd. Erbyn 1936 llwyddwyd i godi tîm cenedlaethol i ymweld â Ffrainc gan chwarae yn erbyn timau ieuenctid yno.

Bu'n rhaid dirwyn y gymdeithas bêl-droed i ben yn ystod y rhyfel, ac fel cwpan Pantyfedwen yr atgyfodwyd hi yn 1950, ond daeth i ben eto yn 1957 oherwydd diffyg trefniant. Wedi penodi Swyddog Adloniant yn 1959 fe ail sefydlwyd cwpan Pantyfedwen i Aelwydydd yn 1960 a bu'n llwyddiant unwaith eto. Mae'r gwpan anferth hon yn dal mewn bodolaeth hyd heddiw gyda chystadlu brwd rhwng Aelwydydd i'w chipio.

Datblygwyd cystadlaethau tenis-bwrdd, rygbi, hoci, dartiau, snwcer a phêl-rwyd yn ystod y chwedegau cynnar ac yn 1963 bu 203 o Adrannau ac Aelwydydd yn cymryd rhan.

Penderfynwyd cynnal yr holl rowndiau terfynol i'r gystadleuaeth mewn un lle o 1967 ymlaen. Ar ôl cyfnod o'i chynnal yn ardal Glan-llyn am wyth mlynedd, yna ei symud i'r Eisteddfod am dair blynedd, o 1977 ymlaen fe'i sefydlwyd yn Aberystwyth.

Cymaint fu twf y cystadlu yn y chwaraeon fel y bu'n rhaid cynnal dwy ŵyl - un i'r Aelwydydd ac un i'r Adrannau yn niwedd y saithdegau. Bellach mae dwy Gala Nofio Genedlaethol yn cael eu cynnal yn y de a'r gogledd am yn ail - un i blant o dan 12 oed a'r llall i blant dros 12 oed.

Mae'r chwaraeon yn dal yn boblogaidd hyd heddiw gyda miloedd yn cymryd rhan yn sirol a chenedlaethol bob blwyddyn.

Cylchgronau'r Urdd

Yn 1892 sefydlodd O.M.Edwards y cylchgrawn arloesol **Cymru'r Plant** - cylchgrawn a dyfodd yn boblogaidd ymysg plant Cymru ar hyd y blynyddoedd.

Cylchgronau enwadol yn unig oedd ar gael yn y Gymraeg cyn hynny, a gwelodd O.M.Edwards fod angen cylchgrawn i drafod meysydd eraill yn y Gymraeg yn ogystal, fel natur, gwyddoniaeth, hanes Cymru a gwledydd y byd. Trwy gystadleuaeth a gohebiaeth y cylchgrawn y magodd yr Urdd ddiddordeb aelodau cynnar, a thrwy'r cylchgrawn yma yr apeliodd Syr Ifan ar ieuenctid Cymru i ymuno a gweithredu dros y mudiad.

Parhaodd Syr Ifan â gwaith ei dad o olygu'r cylchgrawn am 30 mlynedd wedi i'w dad roi'r gorau iddi, a bu cynnydd mawr yn ei gylchrediad. Erbyn 1954 roedd 22,500 o gopïau'n cael eu dosbarthu'n fisol i'r ysgolion drwy'r awdurdodau addysg.

Cymaint oedd llwyddiant **Cymru'r Plant** fel y penderfynwyd cynhyrchu cylchgrawn newydd i ddysgwyr o'r enw **Cymraeg** yn 1954. O fewn blwyddyn roedd 26,000 o gopïau o'r cylchgronau newydd yma wedi'u gwerthu.

Dyma'r cylchgrawn cyntaf erioed i gael ei gyhoeddi ar gyfer y dysgwyr, a phenderfynwyd penodi Ifor Owen yn olygydd llawn amser i fod yn gyfrifol amdano.

Golygodd hyn fod modd datblygu'r cylchgronau gan gyhoeddi dau gylchgrawn i Gymry Cymraeg yn 1957, sef **Cymru** i'r aelodau hŷn, a **Cymru'r Plant** i'r rhai iau. Ychwanegwyd **Yr Anrheg** a oedd yn cynnwys llu o luniau o bob math, fel atodiad i'r ddau gylchgrawn yma am dair blynedd o 1959 hyd 1961.

Disodlwyd **Yr Anrheg** yn 1964 gan **Deryn,** cylchgrawn misol arall wedi'i anelu at blant ifanc. Addaswyd **Cymru** yn y cyfnod yma hefyd a'i alw'n **Hamdden**. Roedd gwerthiant y cylchgronau'n llwyddiannus iawn erbyn 1963 gyda'r gwerthiant misol fel a ganlyn:

Deryn	5,200
Cymru'r Plant	8,550
Hamdden	4,850
Cymraeg	23,330

Roedd cyfanswm cylchrediad yr holl gylchgronau yn 43,850 y mis a oedd yn swm anferthol mewn cymhariaeth â gwerthiant llyfrau Cymraeg bryd hynny.

Yn 1966 penderfynwyd newid y cylchgrawn **Cymraeg** gan ei fod yn ceisio anelu at ddysgwyr o bob oed, a chynhyrchu dau gylchrawn newydd yn ei le. Cynhyrchwyd **Bore Da** i'r dysgwyr ifanc a **Mynd i** ddysgwyr hŷn gan gynyddu cylchrediad y cylchgronau i 46,000 y mis.

Oherwydd costau cynhyrchu cynyddol, ni fu modd cynnal **Hamdden** o ddechrau'r saithdegau ymlaen.

Yn 1988 fe unwyd **Cymru'r Plant** a **Deryn** i ffurfio **CIP** ar gyfer Cymry Cymraeg cynradd, ac ers hynny parhawyd i'w gyhoeddi, ynghyd â **Bore Da** a **Mynd** i'r dysgwyr. Bellach, ers 1995, fe newidiwyd **Mynd i IAW!** i gydfynd â rhaglen deledu boblogaidd o'r un enw ar gyfer dysgwyr.

Gair i Gloi

Dyna fraslun yn unig o'r prif bethau neu 'wyrthiau' yn wir a gyflawnwyd ym mlynyddoedd cynnar yr Urdd pan nad oedd y Gymraeg nemor iaith i'w defnyddio bob dydd. Codwyd statws yr iaith gan Syr Ifan yn bennaf gan greu'r ymdeimlad o Gymreictod a ffyddlondeb i'r iaith drwy ymaelodi â'r Urdd a chael cyfle, am y tro cyntaf i lawer, i gymdeithasu ar lefel sirol a chenedlaethol drwy gyfrwng yr iaith Gymraeg. Mae'n anodd i ni, sydd wedi cael addysg Gymraeg, sianel Gymraeg, a statws i'r Gymraeg (er bod lle i wella ar hyn eto), amgyffred y dasg a oedd o flaen Syr Ifan wrth geisio sefydlu mudiad ieuenctid cwbl Gymreig i ieuenctid Cymru ei gyfnod. Ond fe lwyddodd - a diolch byth am ei 'Weledigaeth Fawr' - mae gan sawl sefydliad a ffurfiwyd oherwydd y gweithgareddau a ddechreuwyd ganddo le i ddiolch o waelod calon iddo.

Gobeithio y bydd y lluniau sy'n dilyn yn rhoi darlun cliriach i chi o'r hyn a gyflawnwyd gan Urdd Gobaith Cymru o'i sefydlu dri chwarter canrif yn ôl.

Iola Jones

Y Cyfnod Cynnar

Dyma'r teulu a wnaeth y cyfan yn bosib

Rhoddodd Urdd Gobaith Cymru, dros y 75 mlynedd diwethaf, wasanaeth unigryw i Gymru a'r Gymraeg drwy gynnig gweithgareddau diddorol ac eang yn ei changhennau, y gwersylloedd, teithiau, cylchgronau, Eisteddfodau, gwyliau ac yn y blaen. Y mae'r llyfryn hwn trwy ddarluniau yn adlewyrchu'r amrywiol weithgareddau a ddaw mae'n siŵr a dyddiau o fwynhad a hwyl a gawsoch wrth fod yn gysylltiedig â'r Urdd, yn ôl i'ch cof. Pa fudiad arall a roddodd gymaint o ffydd i genedl gyfan trwy ei ieuenctid, a newidiodd sefyllfa ieithyddol y wlad, ac a ddenodd ei aelodau i wasanaethu eu gwlad a'u cyd-ddyn drwy ddaliadau Cristnogol. Dathlwyd pen-blwydd yr Urdd yn 1997 drwy roi gweithgareddau newydd i'n ieuenctid, credwn o hyd fod dyfodol ein cenedl, a'n mudiad yn eu dwylo hwy. Gwyn eu byd - ein anrhydedd ni, y rhai hŷn a fu'n aelodau o'r Urdd, yw eu cefnogi drwy sicrhau y bydd yr Urdd yn y dyfodol, yn fudiad cryf ac effeithiol, ac yn rhan allweddol o'r Gymru fodern, fel y bu yn y gorffennol.

Ifan Prys Edwards
Llywydd Urdd Gobaith Cymru

Mabolgampau cyntaf yr Urdd yn Llanelli yn 1932. Roedd mwy o apêl i'r gwyliau mabolgampol yn Ne Cymru.

▲ Goronwy Wyn Rowlands aelod cyntaf yr Urdd yn 1922.

◄ Merch yn gwisgo gwisg yr Urdd gyda baner ei chylch. Byddai plant yn dilyn baner eu hadran wrth orymdeithio yn yr ŵyl chwaraeon a'r Eisteddfod yn ystod y 30au.

► Merched ysgol Llanelli yn gorymdeithio yn ystod mabolgampau Castell Nedd 1939.

Pwll nofio ar fwrdd yr 'Orduna' yn 1934. Aeth y fordaith a'r Cymry i Lydaw, Sbaen a Gogledd Affrica.

Gornest tynnu rhaff yn ystod y fordaith gyntaf.

Mordaith gyntaf yr Urdd. Areithiwr ar fwrdd llong yr 'Orduna' yn 1933 gyda Syr Ifan yn cadeirio.

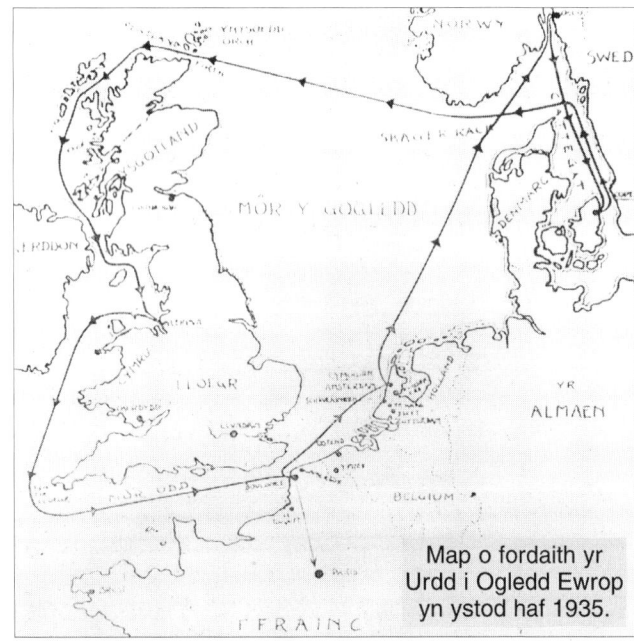

Map o fordaith yr Urdd i Ogledd Ewrop yn ystod haf 1935.

Criw o Wersyll yr Urdd Glan-llyn ar ben yr Wyddfa - 1937. ▶

Timau Badminton Aelwyd Aberystwyth a Blaenau Ffestiniog haf 1947.

Canu carolau yn Aberystwyth. ▶

Aelwyd Aberystwyth yn perfformio'r ddrama 'Amser'.

15

◀ Taith gerdded yr Urdd ym Meirion ar y Berwyn.

Gwneud te ar ben y Berwyn yn y 40au.

▼ Criw ar y Berwyn - Llwyd o'r Bryn yn eu canol.

Lady Edwards.

◀ Syr Ifan a Lady Edwards.

Owen a Prys Edwards.

Syr Ifan ab Owen Edwards yn tynnu lluniau i'r Sinema, ar draeth Penbryn.

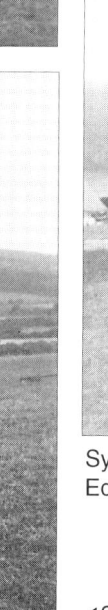

Syr Ifan ab Owen Edwards.

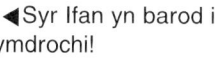

◀ Syr Ifan yn barod i ymdrochi!

17

Y Bechgyn yn chwarae criced yn Ysgol Lluest.

Y Merched yn chwarae yn y gwair yn Ysgol Lluest.

Disgyblion Yr Ysgol Gymraeg gyntaf yng Nghymru.

Cystadleuwyr Eisteddfod gyntaf yr Urdd yng Nghorwen 1929.

Côr Aelwyd yr Urdd Abersoch a'r Cylch - Haf 1946.

Adran Blaenau Ffestiniog yn Aberystwyth ar eu ffordd i Eisteddfod Genedlaethol yr Urdd, Caerfyrddin 1935.

Byw efo'r Cof

Eisteddfod Corwen 1929.

Eisteddfod yr Urdd Treorci 1947.

Gorymdaith Eisteddfod yr Urdd trwy Fachynlleth yn 1932.

Adrannau Cynnar

Adran y Treuddyn yn perfformio Cân actol - 'Myfi sy'n magu'r baban'.

Adran 'Urdd Gobaith Cymru Fach' - tynnwyd yn y Parc, Blaenau Ffestiniog.

Mabolgampau'r Urdd Ffordd Farrar, Bangor 1936 - Ysgol Gynradd Porthmadog gyda Miss Menna Williams a Miss Jane Anne Roberts.

Byw efo'r Cof

Aelwyd Corwen 1946.

Adran gyntaf yr Urdd, Y Treuddyn 1922 - Llun tu allan i Gapel Jerusalem, Treuddyn.

Datblygodd aelwydydd ac adrannau i gael eu cabannau a'u baneri eu hunain.

▶ Adran Penllwyn, un o'r adrannau cyntaf i gael eu sefydlu yn y 20au. Yn 1926 y tynnwyd y llun yma.

Aelodau a Swyddogion Adran ochr Penrhyn o flaen eu caban newydd diwedd y 30au.

Y Gwersylloedd cynnar

Cerdyn Post yn dangos Swyddogion Gwersyll y Bechgyn - Llangollen 1930.

Awst 1928, y Gwersyll cyntaf yn Llanuwchllyn ar gyfer bechgyn rhwng deuddeg a deunaw oed. Llogwyd pebyll o Lerpwl ac archebwyd sacheidiau o flawd, siwgwr, tatws, reis, cyrens a swltanas a dwy ddafad ar gyfer eu lladd.
Roedd oddeutu cant o fechgyn ym mhob un o'r ddau wersyll, Awst 9 -18 ac Awst 20 - 29.
Y Sylfaenydd ei hun oedd y Pennaeth gydag wyth neu naw o Swyddogion i gynorthwyo. Cysgai y bechgyn fesul pump mewn pabell ar wely o flancedi. Rhaglen yr wythnos oedd ffug eisteddfod, canu, chwaraeon, ymdrochi yn yr afon ac ymweld â chartrefi enwogion yr ardal. Pris 10 swllt y pen.

Torri coed yng Ngwersyll y Bechgyn yn Llangollen 1931. Sylwer ar y dillad unffurf a'r capiau.

Parti o fechgyn o Flaenau Ffestiniog a fu yng Ngwersyll cyntaf yr Urdd yn Llanuwchllyn 1928.

Gwersyll y Bechgyn yn Llangollen 1930.

Syr Ifan yn codi canu yn ystod Gwersyll haf 1930.

Gwersyll cyntaf Llanuwchllyn Awst 1928 - Syr Ifan yn eu canol yn Bennaeth.

▲ Gwersyll yr Urdd Plas Ty'n Dŵr Llangollen. Mae yna rai o aelodau adran Dolwyddelan yn y llun yma.

Cynhaliwyd Gwersylloedd haf yn Llangollen ar ddechrau'r 30au. Gwelir yma'r pebyll yn ystod Gwersyll haf i ferched yn 1930.

Byw efo'r Cof

Y gwersyllwyr ym Mhorthdinllaen 1937.

Gwersyll Porthdinllaen 1937.

Gwersyll Porthdinllaen - Haf 1936.

Plant yn mwynhau ar y cwch 'Olwen' ym Mhorthdinllaen yn ystod haf 1934.

Gwersyll Llangrannog

Golchi llestri Gwersyll Llangrannog 1932.

Ymarfer at wasanaeth y tu allan i'r Capel yn Llangrannog.

Y cyfleusterau ymolchi yng Ngwersyll haf Llangrannog 1935, cyn dyfodiad dŵr tap.

Gwersyll cyntaf y merched yn Llangrannog 1932.

Ar faes y carnifal yn Llangrannog 1932.

Llangrannog 1945.

Llangrannog 1946.

Adran Glanconwy yn Llangrannog 1933.

Gwersyll yr Urdd Llangrannog 1945.

Llangrannog 1946.

Llangrannog 1932.

Llangrannog 1944.

1940au - 1970au hwyr

Un o gloriau Cymru'r Plant a gynlluniwyd gan Meirion Roberts.

Byw efo'r Cof

Pasiant Heddwch yn Aberystwyth.

Ysgol y Merched, Aberystwyth.

Criw yn mwynhau awyrgylch yr Eisteddfod.

Eisteddfod Genedlaethol yr Urdd Llanbedr Pont Steffan 1959.

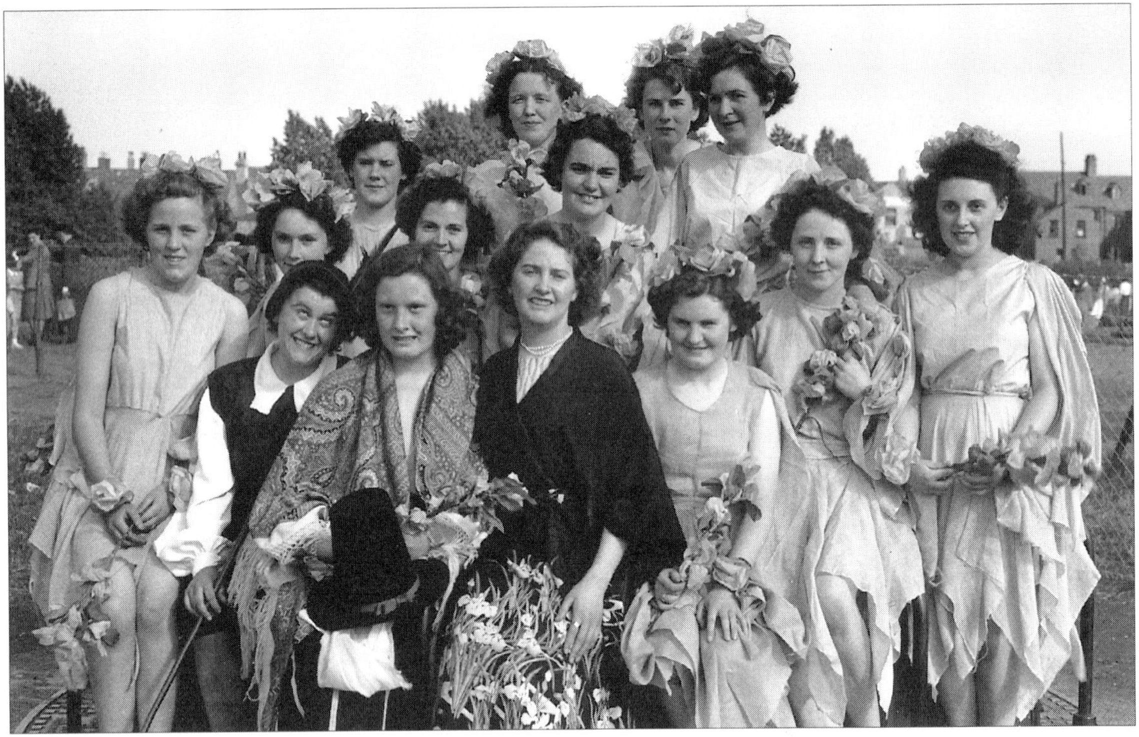

RECORDIAU·CYMRAEG
OR EISTEDDFOD
AR WERTH YMA
GAN E. STANLEY HUMPHREYS
O CAERNARFON

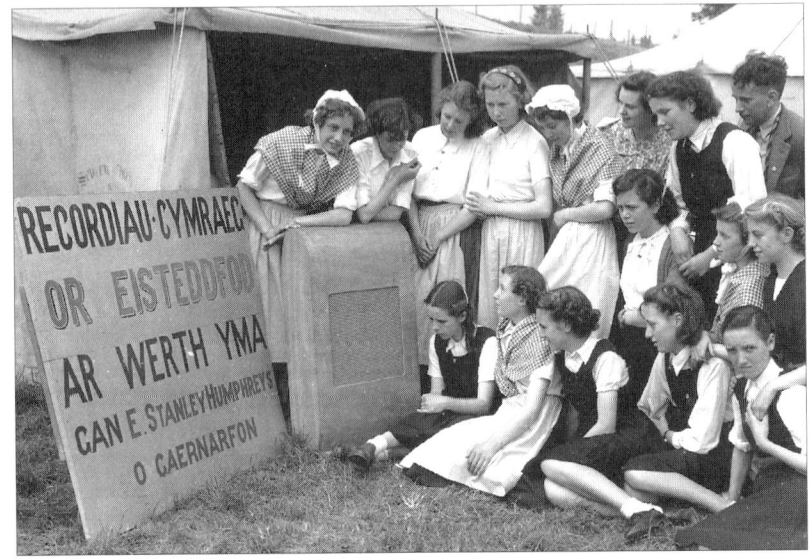

▲ Baner 'Lloyd George' - rhodd David Lloyd George i Eisteddfod Machynlleth 1932 ac i gael ei chyflwyno i'r cylch gyda'r marciau uchaf yn yr Eisteddfod yn y blynyddoedd wedi hynny. Cylch Cwmtawe oedd yr enillwyr cyntaf.

Pafiliwn yr Eisteddfod yn y dyddiau cynnar.

Tair cenhedlaeth o gysylltiad ag Urdd Gobaith Cymru

Aelwyd Llanfyllin a'i cefnogwyr yn Eisteddfod yr Urdd yn y Foel, Powys tua 1945.

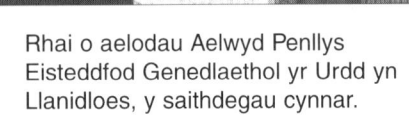

Rhai o aelodau Aelwyd Penllys Eisteddfod Genedlaethol yr Urdd yn Llanidloes, y saithdegau cynnar.

Eisteddfod Bro Maelor 1996.

▲ Merfydd Jones, Anita Wynne a Brynle Edwrads yn edmygu Cwpan PantyFedwen.

▲ Tîm hoci Aelwyd Pen-y-Groes yn derbyn eu gwobr gan Prys Edwrads.

Tîm pêl-droed Adran Bryn Teg Wrecsam.

Byw efo'r Cof

Enillwyr cystadleuaeth dartiau - Wynn Jones, Eilir Jones, Ken Davies a Ronald Thomas o Aelwyd Cribin, Cylch Llanbedr Pont Steffan.

▼ Enillwyr tenis bwrdd cylch Myrddin - Derlwyn Hughes, Michael Jones, John Wyn Roberts, Carol Lewis, Olwen Williams a Gaynor Thomas

Ymarfer Corff yn Eisteddfod Wrecsam 1950.

Tîm Aelwyd Dolgellau, enillwyr Pêl-rwyd dechrau'r 70au.

Eisteddfod Llanbedr Pont Steffan 1959

Rhai o ferched Llwynhendy, Sir Gaerfyrddin.

'Rowlio'r bêl' - un o weithgareddau'r Eisteddfod.

Rhai o'r plant yn ceisio ennill gwobr trwy daflu cylch.

Aelodau Aelwyd San Clêr yn cyrraedd y parc.

Syr Ifan a Lady Edwards.

Disgyblion Ysgol Llanllyfni yn Eisteddfod Rhydaman 1957.

Eisteddfod Abergwaun 1951.

Adran Bentref Dolwyddelan yn cychwyn i Eisteddfod yr Wyddgrug 1958 - Margaret Rees, Rosemary Staniforth, Ruth Jones, Rita Dauncey, Mary Roberts ag Anna W Hughes.

Côr Aelwyd Caerdydd Eisteddfod 1960.

Parti cyd-adrodd o dan 25 oed. Adran bentref Dolwyddelan, Eisteddfod Genedlaethol yr Urdd Llanrwst 1968 - Rita ac Anna Dauncey, Gwyneth Ogwen Roberts, Wendy M Lewis, Caroline Jones ag Anna W Williams.

Aelwyd Castellhaidd Sir Benfro, Aberdâr 1961.

Byw efo'r Cof

Eisteddfod yr Urdd, Llanidloes 1970.

Eisteddfod yr Urdd yng Nghaerdydd 1965.

44

Gêm Rygbi'r Jiwbili - Ebrill 1972. Barry John yn eu plith.

Gêm Rygbi'r Jiwbili - Ebrill 1972. John Davies (Capten) Meirion Joseph (canolwr) yn eu plith.

Byw efo'r Cof

Gêm y Jiwbili 1972 ar Barc yr Arfau, Caerdydd.

Jonah Jones yn gweithio ar y cerflun.

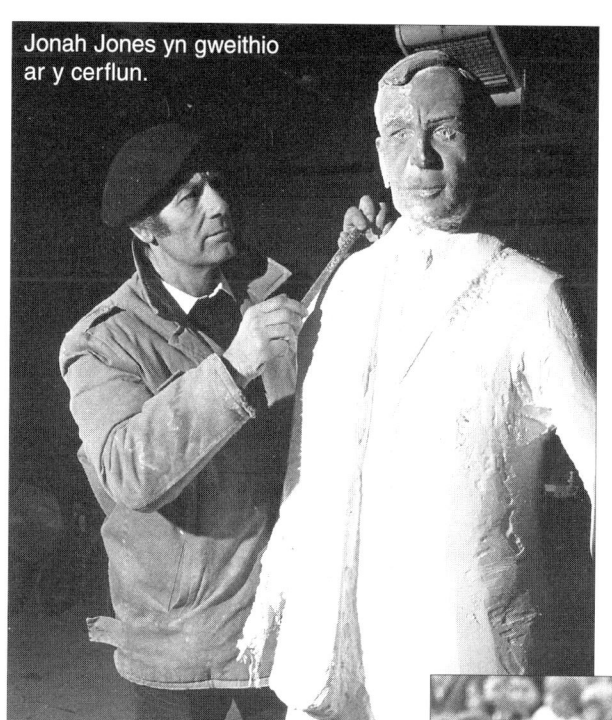

Y cerflun o O.M. Edwards a Syr Ifan - dadorchuddiwyd yn ystod dathliadau'r Jiwbili yn Llanuwchllyn.

Plant Ysgol Gynradd y Bala 1972, dathliadau'r Jiwbili yn Llanuwchllyn.

Byw efo'r Cof

Hilda Jones yn gwerthu swynau.

Gŵyl yr Urdd Corwen 1956/57.

48

'Porrino Miserotti' efo grŵp codi pwysau Aelwyd Caernarfon yn y 60au.

Royal Albert Hall, Mawrth 1960.

Aelwyd Croesoswallt yn perfformio'r ddrama 'Rhwng Te a Swper' yn Eisteddfod Powys, Llansilin 1964 - Tom Rees, Dewi Jones, Mair Jones, Audrey Pugh, Gaynor Francis, Meurwyn Thomas, Dilys Jones a Bryn Jones.

Dydd Ewyllys Da 1958.

Aelwyd Caernarfon, Grŵp Judo 1963-64 o dan ofal Mr Idwal Roberts, Bangor.

Aelwyd Llansilin. Cystadleuaeth Noson Lawen Chwefror 1964 yn Llanfyllin.

Aelwyd Llansilin wedi ennill 3 cwpan am siarad cyhoeddus 1963.

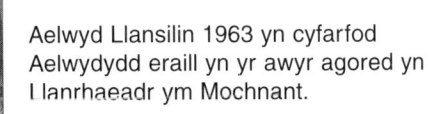

Aelwyd Llansilin 1963 yn cyfarfod Aelwydydd eraill yn yr awyr agored yn Llanrhaeadr ym Mochnant.

Plant yr Urdd yr Wyddgrug 1949.

Criw Pantyfedwen yng Ngharnifal Borth.

Yr ymgyrch lyfrau. Un o stondinau'r Urdd yn gwerthu llyfrau Cymraeg. Llun diwedd y 50au.

Dadorchuddio cofeb wedi i aelodau cylch Trefaldwyn gwbwlhau 'Taith y Berwyn' yn ystod haf 1962.

Gŵyl Llanelli 1956 - Mrs Jannie Thomas a'i merch Gaynor, Syr Ifan a Mrs Elsi Williams.

51

Adran Rhosgadfan 1971 yn arddangos ffasiynau'r Gwanwyn.

Cystadleuwyr yr ornest 'Brenhines Maldwyn' a gynhaliwyd yn y Drenewydd ym mis Chwefror 1966. Gillian Jones o Aelwyd Llanerfyl oedd yn fuddugol.

▲ Alwyn Williams, taith gerdded o Dreffynnon i Dy Ddewi 1970.

Taith Geir Trefaldwyn - 70au cynnar.

Dringo ar Glogwyn y Bustach, Cwm Idwal 1963.

Taith Gerdded yn yr Alban 1963.

Aelwyd Aberystwyth yn canu carolau - diwedd y 40au.

Côr Adran y Banw 1950 wedi ennill y wobr gyntaf yn Eisteddfod Wrecsam.

Ffair yr Aelwyd yn Aberystwyth yn y 50au.

Byw efo'r Cof

Syr Ifan a chriw o blant ar Lyn Tegid. ▶

Glan-llyn 1952.

▲ Criw ar y 'Brenin Arthur' yng Nglan-llyn 1952.

Gwersyll cyntaf Glan-llyn 1950.

▲ Plas Glan-llyn yn 1963.

Gaeaf 1947 - Llyn Tegid wedi rhewi'n gorn.

Trip Ysgol Comins Coch, Aberystwyth yng Nglan-llyn, Gorffennaf 1954.

▲ Cegin Glan-llyn yn y dyddiau cynar.

▲ Hwylio yng Nglan-llyn - 60au.

▲ Glanfa Glan-llyn yn y 60au.

▲ Neuadd fwyta Glan-llyn - 50au cynnar.

Glanfa Glan-llyn o'r Brenin Arthur - 1962.

Yr ifanc yn mwynhau tu allan i Blas Glan-llyn - Haf 1962.

Trên yn gadael Gwersyll Glan-llyn - 1965.

Byw efo'r Cof

Canu i gyfeiliant gitâr Gwilym Tudur ar y Brenin Arthur 1962.

Cyngerdd Dafydd Iwan - Glan-llyn 1965.

Cwmni Anterliwt yn perfformio 'Tri Chryfion Byd' o flaen Plas Glan-llyn 1965.

Pwyllgor Aelwyd yr Urdd, Llundain 1960 - 61
Ifor Owen, Janice Thomas, Irene Williams, D Bryn Jones, Howard Goodfellow, Ryan Davies a Jill Howells.

Noson Lawen Aelwyd Cymry Llundain yn perfformio 'Bwriwch y Cloc' - Ryan Davies, Rhydderch Jones, Ieuan Davies a Hafina Clwyd - 1961.

Aelwyd Llundain yn Eisteddfod yr Urdd Dolgellau 1960.

Aelwyd Llundain yn croesi Knightsbridge, Gŵyl Ddewi yn yr Albert Hall - 1959.

Byw efo'r Cof

▲ Gwersyll Llangrannog - y 60au.

Y staff a'r swogs y tu allan i'r gampfa yn y 60au.

▲ Gwersyll Llangrannog - 1965.

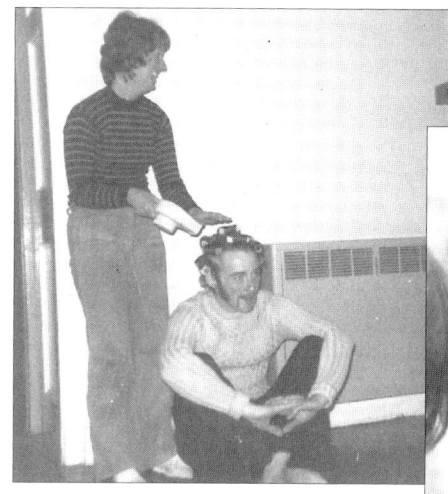

▲ Hywel Jones yn cael "hair-do", Glan-llyn 1974.

Derlwyn Hughes, Swyddog Datblygu Môn - Haf 1974.

▲ Alun Ffred - 1973.

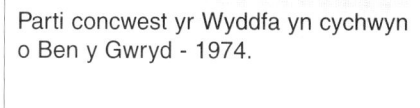

Parti concwest yr Wyddfa yn cychwyn o Ben y Gwryd - 1974.

▲ Y Gilfach, Llangrannog 1974.

Byw efo'r Cof

▲ Parti bechgyn dan 15 oed, Ysgol y Berwyn, Y Bala dechrau'r 70au.

▲ Ysgol Gynradd Amlwch - Eisteddfod Genedlaethol Rhuthun 1962.

Ysgol Penweddig - 70au hwyr.

Swyddogion Glan-llyn - 70au hwyr.

Taith fynydda o Lan-llyn - 70au hwyr.

Byw efo'r Cof

▲ Glan-llyn yn y 70au.

Perfformiadau dramâu cerdd yr Urdd.

Perfformiadau dramâu cerdd yr Urdd.

Byw efo'r Cof

"Hei, Mistar Urdd".

Nerys Thomas yn ffatri'r Urdd.

66

▲ Mistar Urdd a'i ffrind Pengwyn.

Amrywiol nwyddau'r Urdd yn y 70au.

Byw efo'r Cof

Dilwyn Jones, Steff Jenkins ac Alun Stephens.

▲ Glan-llyn yn y 70au.

◀ Delwyn Siôn, Geraint Davies a John Owen yn darllen Neges Ewyllys Da 1978.

▲ Iestyn Garlic, Dei Tomos a Max Boyce yn Eisteddfota.

John Eric Williams, Pennaeth Glan-llyn, yna Cyfarwyddwr yr Urdd tan 1996.

Alwyn Williams yn hyfforddi yng Ngwersyll Glan-llyn.

Byw efo'r Cof

Gwersyllwyr yn gofalu am 'Siencyn' a 'Breit'.

Dod allan o'r 'Sgubor Fawr yn Llangrannog i fynd ar daith.

Y Swogs yn Llangrannog diwedd y 70au.

Gwersyll yr Urdd Llangrannog

Byw efo'r Cof

80au ymlaen

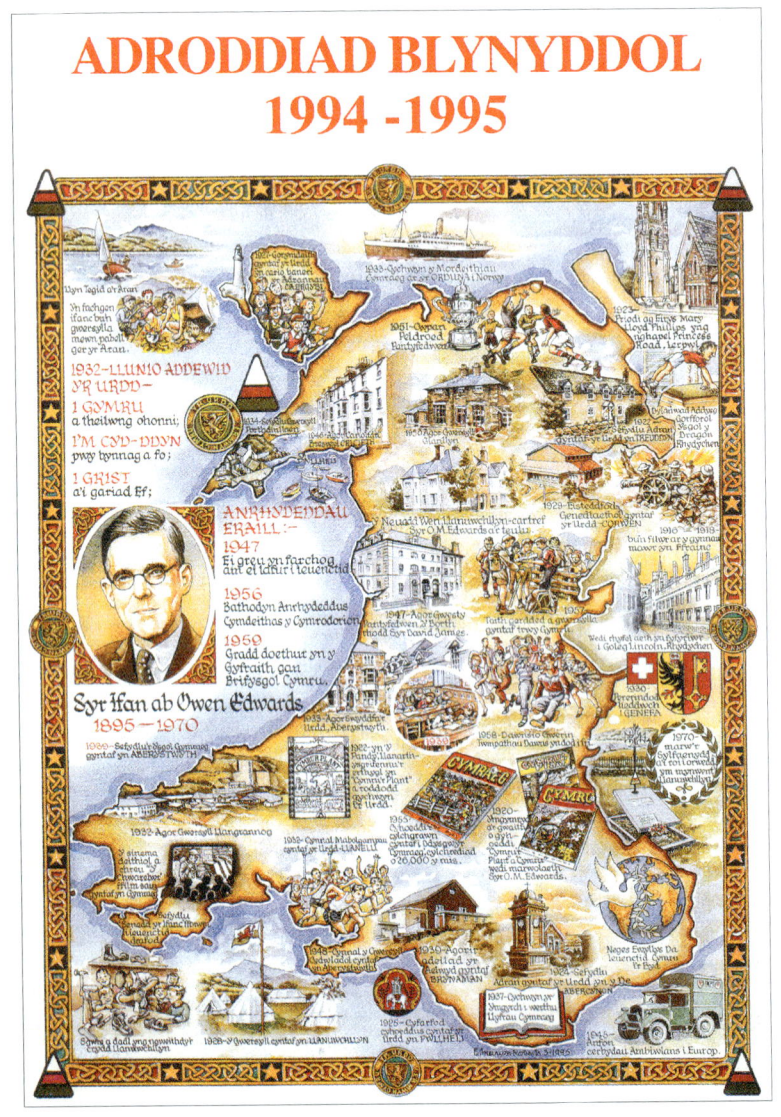

ADRODDIAD BLYNYDDOL 1994 -1995

Map dathlu canmlwyddiant geni Syr Ifan ab Owen Edwards 1895 - 1970 - un o ddarluniau olaf Meirion Roberts.

Chwaraeon Cenedlaethol yr Urdd yn Aberystwyth - dechrau'r 80au.

"Mini Marathon" Glan-llyn.

Aelwyd Rhydypennau buddugwyr Cwpan Pantyfedwen 80au.

Byw efo'r Cof

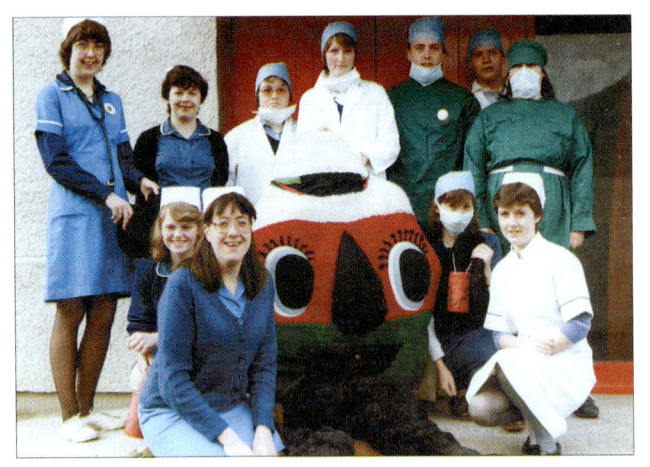

Criw yn cerdded o Flaenau Ffestiniog i Borthmadog i godi arian - 1982.

Taith gerdded i godi arian - Hywel Gwynfryn, Gari Williams, Prys Jones a Sulwyn Thomas.

Gŵyl Gyhoeddi Dyffryn Ogwen 1985.

Adran y Bannau, Aberhonddu yn Eisteddfod Taf Elai - 1991.

Banc Barclays yn cyflwyno siec i lethr sgio Llangrannog tuag at offer i blant gydag anghenion arbennig - 1991.

Garth y Arth a'i ffrindiau y tu allan i garafan yr Urdd yn Eisteddfod Taf Elái - 1991.

Byw efo'r Cof

Trigolion Pentref Swydd Ffynnon yn cerdded o Swydd Ffynnon i Aberystwyth i godi arian i'r Urdd 1986 gyda Harri Jones, Swyddog Datblygu Ceredigion.

Parti Cyd-adrodd Ysgol Bodhyfryd - Eisteddfod Sir Wrecsam - 1977.

Bobi Gordon gyda chriw o blant yng Ngwersyll Llangrannog.

Cwrs Sgiliau Rygbi
Penfro - Mawrth 1996.

Agoriad Swyddogol Bloc y Berwyn yng Ngwersyll
Glan-llyn - Ebrill 1993.

Mabolgiamocs
Pontrhydfendigaid - 1993.

Byw efo'r Cof

Plant Ysgol Gynradd Abererch yn seremoni Croesawu Eisteddfod Llŷn ac Eifionydd yn Eisteddfod Islwyn 1997.

▲ Cyflwyniad Ysgol Glanaethwy yn Eisteddfod y Bala 1997 fel rhan o ddathliadau'r Urdd yn 75 oed.

Angharad Rowe (ar y beic) a chriw o ffoaduriaid o Slofania yn Eisteddfod yr Urdd, Dolgellau 1994.

Enillwyr cystadleuaeth ysgrifennu llythyr a gynhaliwyd gan Adran y Cylchgronau - Eisteddfod Islwyn 1997. Siân Eleri (Pennaeth yr Adran) a Moelwyn Jones o'r Swyddfa Bost.

▼Enillydd cystadleuaeth CIP 1996. Alun Stephens Swyddog Datblygu Myrddin yn cyflwyno'r beic i Emyr Hopkin o Ysgol Iau Brynaman.

▲ Cwis y Dysgwyr 1989 - Bija Knowles, Paul Utley, Ruth Phillips, Michael Upham a'u hathrawes, Nerys Llewelyn Davies.

Dathliadau 75 mlwyddiant yr Urdd

Y Jambori Fawr yng Nghaerdydd i ddathlu 75 mlwyddiant yr Urdd - Mehefin 1997.

Jambori Fawr yr Urdd yng Nghaerdydd Mehefin 1997.

Byw efo'r Cof

'Eden' yn diddanu'r gynulleidfa.

Amrywiol ysgolion Cymru yn gorymdeithio trwy strydoedd Caerdydd.

Y Faner orau yn y Jambori - Ysgol Gymraeg Bryn y Môr, Abertawe.

Cyngerdd y Dathlu yng Nghorwen - Mai '97

Aelwyd Hafodwennog a'u dawns wefreiddiol.

Bryn Terfel yn perfformio.

Côr Aelwydydd - Penllys, Crymych, Llangwm, Bro Gwerfyl a Bro Cernyw dan arweiniad Geraint Roberts i gyfeiliant Annette Bryn Parri.

Nerys Richards a'i soddgrwth.

Byw efo'r Cof

Goronwy Wyn Rowlands, aelod cyntaf Urdd Gobaith Cymru yn derbyn bathodyn y dathlu - Tachwedd 1996. Yn y cefndir gwelir plant Ysgol Coed-y-Gôf, Caerdydd yn canu i gyfeiliant Heather Jones.

GAIR I GLOI GAN Y PRIF WEITHREDWR

Mae'n bleser mawr ar ddiwedd blwyddyn gyffrous i gloi ein dathliadau 75 mlwyddiant trwy gyhoeddi'r llyfr hwn. Gwelwyd newidiadau mawr ar draws y mudiad yn ystod 1997 - ychwanegu at ein gwasanaeth yn y maes, agoriad Glan-llyn ar ei newydd wedd, lansiad ein safle ar y Wê a CD Rom arbennig i bob ysgol yng Nghymru.

Roedd y Jambori, Eisteddfod Islwyn a Chyngerdd y Dathlu yn uchafbwyntiau mawr cenedlaethol ond mae'n rhaid cofio hefyd am lwyddiant yr Urdd yn ein seiliau mewn canghennau ym mhob rhan o'r wlad a'u dathliadau lleol mewn neuaddau pentref a chanolfannau rhanbarthol. Ni welwyd erioed gymaint o gefnogaeth i'n hiaith a'n diwylliant gan y Llywodraeth, cyrff cyhoeddus, cwmniau masnachol a'r cyhoedd ac yn yr hinsawdd bositif yma mae pwrpas a gwerthoedd Urdd Gobaith Cymru yn fwy perthnasol nag erioed.

Edrychwn ymlaen felly i'r ganrif a'r mileniwm nesaf gyda hyder a brwdfrydedd, yn llawn gobeithion a chynlluniau i sicrhau gwasanaeth cyflawn a gweithgareddau modern a chyffrous i'n haelodau a dyfodol cryf, ifanc a Chymreig i Urdd Gobaith Cymru.

Cofion caredig

Jim O'Rourke
Prif Weithredwr Urdd Gobaith Cymru